ÉTUDE

FONDATIONS DE RUETTE & DE XONVILLE

PAR

Numa JACQUEMAIRE

Docteur en Droit
Avocat à la Cour d'appel de Paris

PARIS

L. LAROSE ET FORCEL

Libraires-Éditeurs

22, RUE SOUFFLOT, 22

1885

ÉTUDE

SUR LES

FONDATIONS DE RUETTE ET DE XONVILLE

ÉTUDE

SUR LES

FONDATIONS DE RUETTE & DE XONVILLE

PAR

Numa JACQUEMAIRE

Docteur en Droit

Avocat à la Cour d'appel de Paris

PARIS

L. LAROSE ET FORCEL

Libraires-Éditeurs

22, RUE SOUFFLOT, 22

1885

DES FONDATIONS

DE

BOURSES D'ÉTUDES DANS LES FAMILLES

On entend parfaitement qu'il ne s'agit pas sous ce titre de fondations de bourses, telles qu'il s'en rencontre ordinairement : fondations établies auprès d'une académie, d'un lycée, d'une école, en un mot, d'un établissement public quelconque, pour les revenus en être distribués périodiquement à telles personnes ayant rempli certaines conditions déterminées à l'avance. — Les fondations de cette nature appartiennent à l'utilité publique, et en conséquence sont autorisées et réglées administrativement.

Tout au contraire, les fondations dont il va être question, sont (leur titre l'indique) d'un ordre purement particulier, d'un intérêt essentiellement privé. Pas une disposition, pas un texte qui les réglemente et les soumette à un contrôle quelconque. Créées au sein des familles en dehors de l'autorité publique, elles ont vécu et vivent encore aujourd'hui en dehors de cette autorité, ne constituant dès lors dans les mains qui les détiennent qu'une propriété normale.

Et c'est ce qui expliquera plus loin, que laissant de côté le droit administratif, nous rattachions exclusivement ces fondations au droit civil, le seul qui leur soit applicable.

On verra d'ailleurs combien la parenté est étroite entre lesdites fondations et d'autres institutions du droit civil, institutions de famille elles aussi, dont le but, il est vrai, est complètement différent, mais dont la forme est identique.

CHAPITRE Ier

Organisation primitive
Historique
Fonctionnement actuel.

Au commencement du XVIIe siècle, la Renaissance vient de terminer son œuvre de régénération. L'esprit français, las des idées confuses et des mœurs grossières du moyen âge, s'est vivifié dans l'étude de l'antiquité et va féconder au sein de l'Europe une civilisation nouvelle, qui aura son point de départ dans les découvertes de la science et dans l'application d'un droit plus égalitaire.

Une sorte de fièvre agite les grands centres intellectuels, les préjugés de l'ignorance tombent d'eux-mèmes, l'idée s'affranchit !

Bientôt la prépondérance n'appartiendra plus seulement au rang, à la naissance ; l'effort par le travail et l'étude, la valeur individuelle seront aussi des moyens de parvenir.

Mais il s'en faut que les bienfaits de l'instruction

soient à la portée de tous. L'enseignement s'achète et ceux-là qui sont riches ont seuls le privilège d'en prendre leur part.

C'est alors qu'apparaît dans les humbles familles l'usage des fondations de bourses.

Des hommes éclairés et désireux de voir leur nom dignement continué, songent à laisser à leur parenté un patrimoine autrement précieux qu'une médiocre fortune à découper et à partager ; ce patrimoine ce sera le droit perpétuel à l'instruction (1).

Formant une masse, un ensemble de leurs biens, ils les déclarent inaliénables ; mais sur les revenus devront être prélevés annuellement et perpétuellement les dépenses nécessaires pour subvenir aux études de un ou plusieurs des descendants de leur famille.

Cet usage, pratiqué par quelques-uns d'abord, devait bientôt se répandre, jusqu'à ce que la Révolution le fît oublier en fondant des écoles accessibles à tous ou presque tous.

Toutefois il ne parait pas avoir gagné au delà des provinces du Nord. — Les seules fondations de famille dont on retrouve la trace appartiennent toutes en effet, soit à l'ancien duché de Luxembourg, soit à l'ancienne Flandre. En sorte que, dans l'état actuel des frontières, le royaume de Belgique en compte le plus grand nombre.

Quant à la France elle n'en compte plus que deux à notre connaissance, dont l'une a son siège à Xonville (dép. de Meurthe-et-Moselle) et dont l'autre a conservé

(1) C'est ainsi que les communes, les départements et l'État lui-même n'ont fait que suivre l'exemple qui leur était donné depuis plus de deux siècles, lorsqu'ils décidèrent l'inscription à leur budget d'un certain nombre de bourses gratuites.

son siège primordial à Ruette, en Belgique (1), bien que la plus grande partie des biens qui en dépendent fussent situés sur notre territoire.

Ce sont ces deux fondations seulement que nous nous proposons de faire connaître, mais, qu'on le remarque, notre étude n'aura pas pour cela qu'un intérêt tout à fait particulier, puisqu'elle doit faire revivre une institution autrefois répandue en France, et qui, à ce titre, a tenu quelque place dans notre ancienne législation.

Au surplus nous indiquerons en passant quel a été le sort des fondations en Belgique.

FONDATION DE RUETTE

La fondation de Ruette, siège présidial de Virton (Belgique), est la première en date. Par son testament du 29 juillet 1631, maître Nicolas Claude, curé de Ruette, fait les dispositions suivantes :

« Quant aux meubles et rentes que j'ai acquis, tant en
« grains comme en argent et constitution, je veux et c'est
« ma volonté qu'elles demeurent *en globe* et qu'un seul
« en ait l'administration et *pour toujours :* icelles rentes
« étant réparties en cinq parcelles égales, savoir : quatre
« parties pour subvenir aux études de quatre enfants pro-
« venant et procréés de la tige de Nicolas Claude et
« Jeanne, sa femme, ou iceux manquant, seront consti-
« tués ou substitués les parents de Marguerite, sœur de

(1) Province d'Arlon.

« ladite Jeanne, et la cinquième partie appartiendra au
« distributeur ou receveur de cette rente pour ses peines
« et salaire. Celui qui aura acquis le droit de receveur
« ou boursier ne pourra être débouté des autres ayant-
« cause, si ce n'est le mauvais ménage ou gouvernement
« dudit bien, auquel cas un autre pourra s'en prévaloir
« et en exclure le mauvais ménage, lequel s'acquerra par
« prévention en grade égal ou inégal, pourvu qu'il soit
« lignager.....

« Le receveur sera tenu de rendre compte de six ans à
« autre, s'il en est requis par les étudiants ou ayant-cause,
« et ce sera par devant le curé de Ruette et le maire de
« Grandcourt, lesquels prendront la peine..... d'entendre
« le compte, le tout aux dépens des écoliers, non du
« boursier.

« Item les quatre écoliers jouiront de la rente tant et
« si longtemps qu'ils voudront étudier en Humanités,
« Philosophie, Théologie, Droit Canon et Civil ; le cours
« d'iceux achevé ou l'un d'iceux, d'autres y seront ad-
« mis et ce sera par devant les auditeurs du compte du
« boursier, lesquels on ira trouver avec tout le respect,
« lesquels tiendront note des noms, surnoms, des temps
« et lieux et autres circonstances, et, en ce cas, ne se
« montreront difficiles en les salariant. »

Ainsi le fondateur a tout prévu, tout réglé. Véritable
législateur, il ne se contente pas de créer, il organise et
précise lui-même tous les détails de son œuvre.

Les biens resteront « en *globe* et *pour toujours*, » c'est-
à-dire qu'ils demeureront perpétuellement inaliénables
et indivisibles.

Quatre écoliers participeront aux revenus annuels jusqu'à l'achèvement de leurs cours, après quoi d'autres
seront appelés à les remplacer.

Enfin l'administration sera confiée à un lignager, lequel sera seul receveur ou boursier, mais sous le contrôle de deux auditeurs de ses comptes : le curé de Ruette et le maire de Grandcourt.

Ces deux auditeurs, nous devons le remarquer, ne sont autres que des exécuteurs testamentaires, mais ils sont nommés à perpétuité eux et leurs successeurs, et leur autorité est nettement indiquée : à eux seuls appartient le droit non seulement de désigner les étudiants, mais encore de choisir ou au moins d'admettre l'administrateur, qui reste soumis à leur surveillance.

Or c'est en cela que le testateur de 1631 s'était montré particulièrement sage et prévoyant. Il avait compris que laisser à la famille le soin de se gouverner elle-même, c'était ouvrir la porte à de prochains dissentiments, dans lesquels le sort de la fondation allait se trouver compromis et il avait voulu au contraire créer en dehors et au-dessus d'elle un pouvoir supérieur, qui serait comme le gardien de l'institution.

On verra par la suite de quelle importance était cette précaution.

FONDATION DE XONVILLE

La fondation de Xonville, bien que postérieure de plus d'un siècle, n'est en quelque sorte que le complément de la première. Les prestations annuelles de la fondation de Ruette, suffisantes pour les premières études, pour les études les moins onéreuses, étaient au contraire d'une

insuffisance constatée pour les études supérieures ; il
était arrivé le plus souvent que les boursiers s'étaient
vus dans l'impossibilité de poursuivre leur instruction
commencée. Maître Théodore Léonard, curé de Thumè-
reville (1), diocèse de Verdun, neveu du premier fondateur, se proposa d'achever, dans leur commune famille,
l'œuvre de celui-ci. Son testament du 18 novembre 1713 (2)
est à ce sujet tout à fait explicite :

« Pour ce qui est de mes biens-fonds, situés à Xon-
« ville, Waville et Vaux, près de Metz, je les donne à
« perpétuité à ceux de ma famille, frères et sœurs, c'est-
« à-dire à leurs enfants. Il sera pris tous les ans à per-
« pétuité la rente de ces trois métairies, laquelle rente
« sera partagée en deux portions égales pour être dis-
« tribuée, donnée et léguée tous les ans à deux écoliers,
« descendants de mon frère Nicolas Léonard et à leur
« défaut, descendants de mes sœurs, pour subvenir à
« leur entretien au collège, lorsqu'ils y seront reçus en
« classe de quatrième et qu'ils feront paraître un bon
« témoignage du Recteur du Collège, comme ils étudient
« avec diligence et assiduité, en bonne vie et mœurs, et
« qu'ils seront obligés tous les ans de continuer pen-
« dant toutes leurs études, soit en Humanités, Théologie,
« Droit Canon et Civil, c'est-à-dire qu'ils feront paraître
« leurs certificats tous les ans de leur application et
« avancement aux études comme il est dit ci-dessus,
« par un acte en bonne forme, sans fraude ni dol du
« révérend père recteur des collèges qu'ils apporteront

(1) La fondation est connue sous le nom de « fondation de Xonville »,
Parce que c'est à Xonville (Meurthe-et-Moselle) qu'est située la ma-
jeure partie des biens qui en dépendent.

(2) L'original de ce testament a été déposé en l'étude de M° Ber-
trand, notaire à Briey.

« tous les ans sans qu'ils puissent mettre aucune inter-
« ruption à leurs études ; faute duquel témoignage ils
« seront exclus de la pension : de même s'il y a inter-
« ruption d'études et à leur place d'autres écoliers des-
« cendants et lignagers seront appelés... »

L'idée du fondateur est bien celle que nous avons indiquée : ce qu'il veut, c'est seulement faciliter l'accès des études supérieures ; la preuve en est qu'il n'appelle les écoliers à la jouissance des prestations qu'à partir de leur entrée en classe de quatrième.

Mais faut-il croire qu'il n'a entendu permettre que certaines études déterminées ? Les termes de l'acte de fondation paraissent formels : il semble que les écoliers ne devraient profiter de la bourse qu'à la condition de s'adonner à l'étude soit des humanités, soit de la théologie, soit du droit canon ou civil. Il n'y a là toutefois qu'une simple apparence ; l'énumération faite par le testateur s'explique en 1713, parce qu'alors les sciences, encore à l'état embryonnaire, étaient fort peu étudiées, et que les humanités, la théologie et le droit constituaient à peu près les seules branches de l'enseignement ; mais nous estimons qu'elle ne devait pas avoir pour effet de limiter le choix des boursiers lorsque plus tard l'étude des sciences se répandit et surtout lorsque s'ouvrirent les grandes écoles scientifiques qui seules donnent accès à certaines fonctions dans l'État ou dans l'industrie (1).

Après les dispositions qu'on vient de lire le second testateur indique, lui aussi, la façon dont les biens seront administrés :

(1) Cependant la famille, animée d'un respect exagéré pour ce qui, à notre sens, n'était que la lettre et non l'esprit du testament a constamment refusé la bourse aux écoliers qui prétendaient se livrer exclusivement à l'étude des sciences.

« Il y aura un directeur de ces mêmes biens, qui sera
« pris et choisi des descendants lignagers de feu mon
« frère Nicolas Léonard , qui aura soin que les biens
« soient bien entretenus, de même que les maisons,
« sans que l'on puisse rien y détériorer, au contraire,
« augmenter, et ce aux dépens de la rente de chaque
« année et avant les pensions, à moins que ceux qui
« sont entrés en pension ne fassent eux-mêmes toutes
« les réparations et entretiens nécessaires pour que les
« lieux soient toujours en bon état. Ce même directeur
« qui recevra les écoliers tirera par an dix écus seule-
« ment à trois livres l'un sans qu'il puisse recevoir
« comme présents et faveurs ni rien tenir des biens
« dont il aura soin, à peine s'il se trouve avoir reçu
« des présents ou pris sur les biens des écoliers, d'être
« privé sur-le-champ de son administration et mise
« entre les mains d'un autre lignager honnête homme... »

Le fondateur de Xonville avait sans doute remarqué quelque inconvénient au mode d'administration des biens de la première fondation, car il y apporte une complète modification. Désormais plus de tutelle ! plus de contrôle étranger ! A la famille seule appartient le droit de choisir le directeur et de contrôler ses actes, à la famille appartient l'autorité tout entière.

En apparence cette réforme était libérale et l'on comprend qu'elle ait pu séduire le testateur, mais en réalité elle n'était qu'imprudente : les événements allaient le démontrer.

Dès 1740 voici que commencent les dissentiments, les dilapidations même, en un mot des difficultés si nombreuses qu'on a pu dire avec raison que « faire l'historique des fondations de Ruette et de Xonville, c'était faire le récit des procès qu'elles avaient fait naître. »

Depuis longtemps les deux administrations avaient été sinon réunies, au moins confiées à de très proches parents, en sorte que, réagissant l'une sur l'autre, elles avaient fini par se confondre.

Depuis longtemps les sages précautions prises par le premier fondateur avaient été peu à peu négligées, les curés de Ruette et maires de Grandcourt n'étaient plus consultés. Déjà le droit de contrôle de la famille elle-même était menacé.

Le conflit éclate en 1740 (1).

La Cour souveraine de Nancy est saisie et dans un arrêt du 12 mai décide que : « Lorsqu'il y aura une « bourse vacante, le directeur devra faire convoquer « tous les chefs de la famille pour donner leur suffrage « à la nomination d'un sujet capable. »

Cet arrêt, applicable aux deux fondations (tant il est vrai que leur confusion était complète), ne faisait que consacrer l'état actuel des choses : les règles posées par le testament de 1631 prévalaient, et l'intervention des deux auditeurs institués par le curé de Ruette, qui avait été écartée en fait, était désormais écartée judiciairement.

Par contre la Cour de Nancy affirmait à la famille le droit de nommer les boursiers et de surveiller l'administration des biens.

---

(1) Mémoire consultatif concernant les fondations des bourses d'études de Ruette et de Xonville, par M. François-Franquet, avocat.

Mais combien l'autorité de celle-ci allait être insuffisante et dès lors quels abus allaient se produire !

Quelques années seulement plus tard, en 1752 (1), la Cour souveraine de Lorraine, rappelant une sentence de Nancy du 14 mai 1746, « fait défense aux directeurs et régisseurs des fondations et à toute autre personne de la famille des fondateurs, de s'appliquer ou partager entre eux aucun fonds ou deniérs provenant des fondations. » Condamne un sieur Nicolas-François, directeur actuel de la fondation de Ruette, à faire état, au profit de ladite fondation de diverses rentes et capitaux énoncés dans le texte de l'arrêt et notamment d'une somme de 400 livres touchée par les héritiers de Théodore Léonard, curé de Thumèréville, sauf son recours contre lesdits héritiers.

« Défend à tous directeurs ou régisseurs de s'appliquer pour rétribution ou salaire de leurs peines, au delà du cinquième des revenus.

« Ordonne qu'en cas de vacance de l'une des places d'écoliers, le produit en accroîtra au profit de la fondation sans que le directeur ou le régisseur puisse prendre part audit accroissement.

« Fait défense aux écoliers et à leurs pères et mères de toucher directement des fermiers et à ceux-ci de délivrer payement à moins d'être contraint par le régisseur de payer une seconde fois. »

Ainsi les directeurs malversent ! les régisseurs détournent une partie des revenus ! les écoliers eux-mêmes ou leurs parents s'accordent pour frauder ! La dilapidation est partout.

Il faut que la cour de justice intervienne, et comme ses

____

(1) L'arrêt est du 13 mai.

prescriptions demeureront lettre morte si la famille est seule chargée de leur accomplissement, la cour commet le procureur général du bailliage de Longuyon, pour apurer les anciens comptes et surveiller la nomination d'un nouveau directeur.

Ce n'était pas que la cour revenant aux sages prescriptions du premier testament, cherchât à reconstituer un pouvoir de contrôle étranger à la famille. Non ! il n'y avait là malheureusement qu'une mesure provisoire. Les comptes apurés, la mission du procureur général prenait fin.

Aussi le désordre recommence-t-il aussitôt, et dès lors les fondations ne sont plus gouvernées que par intermittence et à la suite de décisions judiciaires (1).

En 1780, les choses vont si mal, les abus sont si nombreux que, par lettres patentes en date du 22 février, le roi Louis XVI, sollicité par une pétition du plus grand nombre des chefs de maison que comprenait alors l'ensemble de la famille, supprime les fondations de Ruette et de Xonville et ordonne que les biens qui les composent seront partagés entre les représentants des sieurs Claude et Léonard, conformément aux coutumes locales (2).

Le Parlement de Metz avait enregistré purement et simplement ces lettres patentes : les chefs de famille, qui

---

(1) Citons entre autres un arrêt du 4 janvier 1755, un autre du 7 septembre 1762, un autre enfin du 17 avril 1768. Chacun de ces arrêts ramène la surveillance du Procureur général, mais toujours cette surveillance n'est que passagère.

La cour souveraine s'inspirant mal à propos des idées du second fondateur, hésite à porter atteinte aux droits de la famille.

(1) En 1748 déjà, la Cour de Metz, fatiguée des nombreux procès dont elle était saisie à l'occasion des deux fondations, en avait prononcé l'annulation. Mais cet arrêt n'avait pu être exécuté, les biens étant situés hors du territoire des Trois-Évêchés.

n'avaient point signé la requête au roi, protestèrent contre cet enregistrement.

Il ne s'agissait point, soutenaient-ils contrairement à la pétition, d'une de ces institutions pour l'existence desquelles l'autorisation du souverain était nécessaire. Dès lors celui-ci ne pouvait à son gré retirer une prétendue autorisation et ainsi supprimer un état de choses fort ancien déjà.

L'édit général du mois d'août 1749, avait bien prohibé la création, par acte de dernière volonté, de certains établissements de main morte ; mais, dans son article 3, il exceptait précisément les « fondations particulières..... qui n'auraient pour objet que la subsistance d'écoliers. »

L'arrêt d'enregistrement fut rapporté. Les fondations survivaient.

Elles survivaient à l'ancien régime, comme aussi elles allaient survivre à la Révolution, pour se perpétuer encore de nos jours, mais au milieu, sinon des abus, du moins des difficultés toujours grandissantes, auxquelles n'ont cessé de donner lieu soit les nominations de boursiers ou de directeurs, soit même les convocations de la famille aujourd'hui fort nombreuse et fort dispersée.

Il nous suffira de signaler à cette occasion deux arrêts de la Cour de Metz : l'un du 27 février 1823, l'autre du 23 juillet 1845 et un jugement du Tribunal de Briey du 21 avril 1852.

Telle est, largement indiquée, l'histoire des deux fondations de Ruette et de Xonville.

Or peut-on ne pas s'étonner de l'état d'imperfection dans lequel elles sont restées, comme oubliées au milieu de la réglementation de toutes choses? Fréquemment, il est vrai, des décisions judiciaires sont rendues lorsque les intéressés les sollicitent. Mais voilà tout ! Point jusqu'à présent d'intervention spontanée, protectrice de l'autorité ! Nous verrons plus loin qu'en Belgique les institutions de même nature ont appelé l'attention du législateur et ont été consciencieusement et savamment organisées. D'où vient donc l'oubli dans lequel on les laisse en France ?

Est-ce de ce que notre pays n'en compte actuellement que de rares exemples ? Mais encore s'en peut-il produire ou tout au moins s'en pourrait-il produire de nouveaux si par avance les testateurs étaient assurés de la solidité de leur œuvre. Or qui niera les avantages qu'il y aurait à encourager dans les familles ces fondations de bourses d'études ? Certes il est dès à présent possible aux testateurs de faire des fondations au profit des établissements d'instruction, lycées, collèges, facultés, etc., et d'en réserver le bénéfice à leur descendance. Mais de semblables fondations ne peuvent équivaloir à des fondations de famille ; outre qu'elles enlèvent aux boursiers le choix dc l'enseignement qu'ils voudraient suivre, elles limitent nécessairement les études de ceux-ci aux programmes parcourus dans les établissements qui leur sont imposés. Au sortir de lycée, du collège, l'élève en effet redevient pauvre et ne peut tirer tout le parti de ses premiers efforts, ou bien encore, si la bourse a été créée auprès d'une faculté, nombre de jeunes gens qui n'auront pu faire les études préliminaires devront y renoncer.

L'oubli du législateur vient-il encore de ce que les fondations dans les familles n'apparaissent que comme des institutions d'un ordre purement privé et que par cela même elles échappent au contrôle de l'autorité ?

Mais tout d'abord il n'y a là qu'une apparence. Il nous sera facile de montrer que par leur but même, qui n'est que la profusion de l'enseignement, les fondations de bourses dans les familles touchent à l'utilité publique.

Et du reste, même en tant qu'institutions d'ordre privé, nous n'en apercevons nulle trace dans le Code civil, alors qu'il y est longuement traité des modes de dispositions entre vifs et testamentaires.

Au point que nous en sommes réduits, pour étudier leur caractère aux yeux de la loi contemporaine, à rechercher quelle analogie elles peuvent présenter avec telle ou telle institution permise ou prohibée.

C'est ce que nous allons essayer de faire dans un chapitre suivant.

CHAPITRE II

Des fondations de bourses
envisagées au point de vue du droit ancien
et du droit moderne.

Ainsi que nous l'avons indiqué précédemment c'est au droit civil qu'il faut rattacher cette question des fondations de bourses dans les familles. Du droit administratif il ne peut être actuellement fait application, puisque actuellement lesdites fondations ne sont point reconnues d'utilité publique et que dès lors elles ne constituent que des institutions purement patrimoniales, exclusivement privées. Or aux regards du droit civil quel est le caractère des fondations ? Quelle en est la validité ? Voilà la double question que soulève le silence de la loi.

Sur le caractère des fondations une rapide analyse va nous fournir des données précises. Tout d'abord il est incontestable que les fondations, telles que nous les avons esquissées, constituent des dispositions à titre gratuit. En outre il est incontestabe que ces dispositions ont ceci de particulier de ne point investir d'un droit définitif ceux auxquels elles sont adressées, mais de les obliger au contraire à conserver les biens pour les remettre ensuite aux parents à venir. Or c'est précisément à ce point de vue que nous rencontrons une frappante ressemblance entre les fondations de bourses et d'autres institutions mieux connues, mieux réglementées de notre droit civil. — Nous voulons parler des substitutitutions fidéicommissaires.

Qu'on se rappelle en effet les caractères principaux, les éléments constitutifs de la substitution fidéicommissaire : à savoir l'ordre successif et la charge de conserver et de rendre (1) ; qu'on analyse ensuite les fondations de Ruette et de Xonville en tant que modés de dispositon ; il est aisé de constater que les mêmes caractères s'y retrouvent, que les mêmes éléments s'y rencontrent.

« Quant aux meubles, rentes, etc..., écrit le premier fondateur, je veux qu'elles demeurent *en globe* et qu'un seul en ait l'administration et pour toujours. »

« Pour ce qui est de mes biens fonds, dispose le testateur de 1713, je les donne à ceux de ma famille, frères et sœurs, c'est-à-dire à leurs enfants. »

Qu'est-ce à dire ? Il est clair que les biens sont actuellement dévolus en toute propriété aux parents existants. Les actes de fondation, il est vrai, ne règlent que la jouissance, mais, à moins de décider que la propriété

---

(1) Sur le caractère des substitutions fidéicommissaires, consultez Demolombe, t. XVIII; Aubry et Rau, t. VII; Laurent, t. X. et enfin les remarquables dissertations de M. Bertauld. *Questions pratiques et doctrinales de Code Napoléon*, t. I.

est restée vacante, qu'elle n'appartient à personne, dès lors qu'il n'en a pas été disposé, il faut bien admettre qu'elle est dévolue ab intestat aux parents existants. Il est clair, en second lieu, que cette dévolution n'a rien de définitif, puisque les biens devront être conservés intacts, *in globo*, et restitués ensuite aux générations à venir de telle ou telle branche, lesquelles en jouiront à leur tour suivant le vœu du testateur. Qu'est-ce à dire ? sinon que les fondateurs de Ruette et de Xonville établissent dans leur famille de véritables substitutions perpétuelles. Charge de conserver et de rendre, ordre successif, rien n'y manque de ce qui caractérise la substitution, car il importe peu que les testateurs, qui prenaient le soin de formuler à peu près expressément la charge de conserver et de rendre et d'indiquer quels seraient les appelés, n'aient pas également précisé que la restitution devait se faire au décès de leurs héritiers, suivant l'ordre successif. Par cela seul qu'aucun autre terme n'était imposé à leur jouissance, c'est au moment de leur décès que ceux-ci devaient opérer la restitution (1). — Quant à la perpétuité de ces substitutions, elle ne saurait être mise en doute en présence des termes mêmes des deux testaments.

Ainsi voilà qui est manifestement établi, les fondations de bourses ne sont au fond des choses que des substitutions perpétuelles ! Mais alors que faut-il penser de leur validité ? Doit-on, puisqu'il s'agit de substitutions fidéicommissaires, les soumettre au droit commun sur

---

(1) Que ces substitutions aient été établies dans un but particulier et avec affectation spéciale des revenus, nous n'en disconvenons pas ; mais cela ne saurait leur enlever leur caractère au point de vue du droit.

cette matière ? Dans ce cas il est constant qu'elles ont dû, ou mieux qu'elles auraient dû être restreintes d'abord à deux degrés de restitution par application des ordonnances de Moulins et Orléans, puis complètement supprimées par notre Code civil, et que si elles subsistent encore de nos jours, ce n'est que par suite d'une simple tolérance. Ou bien faut-il au contraire leur faire application d'un droit spécial, qui les place en dehors de la règle commune et qui les fait vivre ?

Telle est la question qui se pose et que nous abordons dès à présent pour l'examiner successivement dans l'ancien droit et dans le droit moderne.

§ I. — ANCIEN DROIT

Dans l'ancien droit il n'est pas douteux que les fondations de bourses aient été mises en dehors du droit commun sur les substitutions. Il eût été singulier d'ailleurs (et cette observation nous frappait dès l'abord) que Maîtres Nicolas Claude et Théodore Léonard, qui tous deux étaient sans contredit des esprits éclairés, eussent fait de leur plein gré des dispositions qu'ils savaient devoir violer la loi.

A l'époque où ils écrivaient leurs dernières volontés, en 1631 et 1713, il y avait longtemps déjà qu'avait été prohibée par les édits d'Orléans (1560) et de Moulins (1566) cette perpétuité des substitutions que les Etats généraux avaient déclarée abusive. Dès lors comment admettre que, connaissant cette prohibition, les deux fondateurs eussent néanmoins créé une œuvre perpétuelle ?

Logiquement nous devons supposer que les édits d'Orléans et de Moulins n'atteignaient point les fondations établies dans les familles en faveur de l'enseignement, et la preuve en est que les fondations de Ruette et de Xonville allaient se perpétuer indéfiniment, sans qu'aucune protestation de ce chef s'élevât de la part des héritiers, malgré leur évident désir d'arriver à un partage des biens.

Toutefois rien dans le texte des édits ne commandait une semblable exception. En vérité il n'y avait là qu'une pure interprétation (1) : interprétation fort sage d'ailleurs, car il est certain qu'aucun des motifs qui avaient amené la prohibition des substitutions perpétuelles (entre autres celui-ci qu'elles favorisaient l'inégalité des partages entre cohéritiers), n'était applicable aux fondations de bourses. Par leur but, qui était de donner de l'instruction, non pas à quelques-uns seulement, mais à toute une descendance, elles défiaient toute critique, et ce but elles ne pouvaient l'atteindre qu'au moyen de la perpétuité.

Aussi cette interprétation devait-elle être bientôt consacrée législativement. Peu de temps après la seconde fondation, en août 1749, paraît un édit général, par lequel Louis XV, poursuivant ainsi la reconstitution de son autorité, annule certains établissements appartenant aux gens dits de mainmorte, et prohibe dans l'avenir la création des mêmes établissements.

---

(1) Nos anciens auteurs ne traitent que fort incidemment des fondations de bourses dans les familles. Mais ils constatent toutefois l'usage de ces fondations et se bornent, sans autre commentaire, à en reconnaître la validité. (Voir Denisart, *Bourses de collège*, § 2, p. 725, — *Encyclopédie de jurisprudence*, — et Merlin : au mot *fondation*.)

Or c'est dans cet édit que nous trouvons le premier texte qui soit relatif aux fondations de bourses : texte laconique, il est vrai, simple parenthèse, mais néanmoins suffisamment précis au point de vue qui nous occupe.

L'édit venait de proscrire (art. 2), l'érection de certains établissements par acte de dernière volonté, et dans son article 3, il ajoute aussitôt :

« N'entendons comprendre dans les articles précédents les fondations qui ne tiendront à l'établissement d'aucun nouveau corps....., et qui n'auraient pour objet que la subsistance d'écoliers... »

De ce jour, les fondations de bourses étaient, non plus seulement en fait, mais en droit, distinguées des substitutions ordinaires, et l'on peut dire qu'elles recevaient une existence propre. Loin de les amoindrir, loin d'en limiter la durée conformément au droit des substitutions, le roi prenait au contraire le soin d'en proclamer l'inviolabilité. Les fondations subsistaient désormais de par la volonté souveraine ; leur but l'emportait sur la forme prohibée qu'il leur fallait emprunter, et la faveur dont elles jouissaient était si grande, qu'il n'était même pas besoin d'une autorisation spéciale pour en créer de nouvelles !

Malheureusement, les faveurs royales en restaient là. Aucune autre réglementation n'était donnée aux fondations de bourses, aucune précaution n'était prise pour assurer leur fonctionnement. Et lorsque, près d'un siècle plus tard, un nouveau législateur, un nouveau roi revenant sur cette question des fondations de bourses, consacre à son tour leur validité, il le fait tout aussi succinctement, tout aussi incidemment et sans plus de souci des difficultés qui déjà menaçaient les fondations existantes.

« Les fondations, est-il écrit dans l'article 25 de la

loi du 24 août 1790 (laquelle prononce la suppression de tous les bénéfices), faites pour subvenir à l'éducation des parents des fondateurs, continueront d'être exécutées conformément aux dispositions écrites dans les titres des fondations (1). »

Telle est la législation fort simple, de l'ancien droit ; trop simple car, en dehors des deux lambeaux de textes que nous venons de reproduire, nous ne trouvons rien qui, de près ou de loin, se réfère aux fondations de bourses. Mais ces textes au moins nous permettent d'affirmer que jusqu'au Code civil, la légalité des fondations de bourses dans les familles ne saurait être contestée.

§ II. — DROIT MODERNE

Le Code civil vient d'être promulgué et le législateur, content de son œuvre, vient d'effacer, avec l'article 7 de la loi de ventôse an XII, toutes les dispositions des monuments antérieurs du droit sur les matières « qui font l'objet des lois récemment codifiées ».

Que va-t-il advenir des fondations de bourses ? Il semble que pour le savoir, il doive suffire d'ouvrir la loi contemporaine. Mais, nous l'avons dit, celle-ci présente sur ce point une complète lacune. Des fondations de bourses qui, à tant d'égards, sollicitaient une réglementation attentive et prévoyante, il n'est question nulle

---

(1) C'est en se fondant sur cet article 25 de la loi de 1790, que la famille des curés de Ruette et de Xonville obtint du Tribunal de cassation, le 24 messidor an XII, la restitution des biens des fondations, qui avaient été séquestrés en 1793.

part, tant il est vrai d'une façon générale que l'œuvre
de 1804 ne pouvait atteindre les proportions trop vastes
que ses auteurs lui avaient assignée. Qu'en conclure ?
Faut-il croire que le silence du législateur équivaut à
une suppression, à une prohibition ? Faut-il croire que
le caractère de substitutions qu'elles revêtaient, a con-
damné les fondations de bourses et que dès lors celles-ci
n'ont pas trouvé grâce devant l'article 896 ?

Nous ne le pensons pas. L'article 896 abolit, il est
vrai, les substitutions, mais les substitutions telles
qu'elles se comportaient dans l'ancien droit. Or nous
venons de voir que l'ancien droit avait soigneusement
distingué dans l'usage d'abord et ensuite dans la loi,
les fondations de bourses des « substitutions fidéicommissaires » proprement dites. Jamais même lesdites fondations n'avaient reçu l'appellation de « substitutions. »
Il est clair par conséquent que l'article 896 ne saurait
les comprendre dans ses termes.

La vérité est qu'il n'y a dans le silence de la loi qu'un
oubli pur et simple. Mais cet oubli suffit, à notre avis,
pour valider les fondations existantes. Par cela seul en
effet, qu'il n'a pas été statué différemment par la loi
nouvelle (art. 7, loi de ventôse an XII), l'exception faite
par l'ancien droit à la règle prohibitive des substitutions
subsiste toujours (1) ; de même aussi que l'article 25 de
la loi du 24 août 1790 reste en vigueur.

Les fondations doivent être exécutées conformément
aux dispositions prises par les fondateurs (2). Voilà la

___

(1) En ce sens, Cass., 2 juillet 1812. — Cet arrêt pose formelle-
ment, sur la question de l'abrogation tacite d'une loi ancienne par
une loi postérieure, le principe auquel nous nous référons.

(2) Sauf application bien entendu, des règles de droit commun,

loi toujours vivante en cette matière ! Et le tribunal de Briey nous semble en avoir fait une très juste interprétation, lorsqu'en tête des nombreux considérants d'un jugement rendu le 25 avril 1852, au sujet du droit de nomination des titulaires aux deux bourses de Ruette, il écrit cette phrase, qui apparaît comme la synthèse du jugement tout entier :

« Considérant que les dispositions du testament du 29 juillet 1631 font la loi des parties..... etc. »

Ainsi conservées au milieu de nos institutions modernes, il faut reconnaître que les fondations de bourses ne manquent pas de présenter de curieuses singularités. Nous ne voulons pas dans ce travail, nécessairement restreint, nous livrer à un examen très approfondi. Mais encore est-il certaines questions qui se posent tout naturellement et que nous devons tout au moins indiquer.

Et d'abord à qui appartient la propriété des biens composant les fondations ? Deux solutions ici sont en présence : ou bien ces biens sont restés et demeurent , contrairement à l'article 815 C. C. , indivis entre les membres sans cesse renouvelés de la famille des fondateurs, ou bien les fondations constituent une abstraction légale, une personne dite civile indépendante des parents qui sont appelés à en profiter, et c'est cette abstraction, cet être fictif qui est propriétaire. Nous inclinerions volontiers vers cette seconde solution. Certes nous n'ignorons pas que les personnes civiles n'existent qu'en vertu d'une fiction de la loi et que dès lors il ne saurait y en avoir d'autres que celles à qui la loi, par une autorisation spéciale, a donné l'existence. Mais nous pensons préci-

notamment en ce qui concerne la réserve. L'ancien droit lui-même en effet ne décidait pas autrement.

sément que la loi, en reconnaissant la validité des fondations de bourses, a fait en même temps de celles-ci de
véritables personnes morales. Qu'on se reporte en effet
à l'édit général de 1749 : les fondations y figurent parmi
nombre d'établissements de mainmorte déclarés nuls par
cette raison qu'ils n'avaient pas reçu l'autorisation « de
posséder des fonds et revenus », qu'ils n'avaient, en
un mot, point reçu d'existence fictive. Or les fondations
n'y figurent que pour être exceptées de la règle commune !
C'est donc qu'implicitement l'autorisation, la personna-
lité civile leur étaient accordées. Plus tard la loi de 1790
reproduit sans la modifier la législation antérieure sur
les fondations, n'est-il pas clair qu'elle conserve à celles-
ci le caractère qu'elles avaient reçu?

Et je tiens à préciser ce qui, dans ma pensée, constitue
la personne civile. Ce n'est certes pas la famille, ce n'est
point l'assemblée des cointéressés. C'est l'agglomération
des biens, c'est le « globe » dont il est question dans le
premier testament, c'est en un mot la fondation elle-
même (1), laquelle doit être considérée comme ayant en
soi le sujet de son existence juridique (2). Conséquemment la personne morale ne disparaîtrait pas, quand bien

______

(1) L'administration fiscale perçoit annuellement sur les biens
dépendant des fondations, outre l'impôt foncier, une taxe spéciale-
ment applicable aux biens de mainmorte, laquelle est destinée à
remplacer les droits de mutation qui ne peuvent être encourus. Or
les rôles de recouvrement sont ainsi établis : « *Prestimonies...*
tant,* » sans qu'il soit fait mention d'aucun propriétaire. Cela sem-
blerait bien indiquer que la propriété appartient aux *prestimonies*,
aux fondations elles-mêmes envisagées comme personnes civiles.

(2) Il y a là une institution analogue à celles que les Allemands
appellent *Stiftung* et que Puchta a définis dans ses *Pandectes*,
§ 27. Voir à ce sujet la très intéressantes dissertation de M. Sélig-
man, avocat à la Cour de Paris (thèse de doctorat, p. 9.)

même elle cesserait d'avoir aucune utilité pour la famille, dans le cas par exemple où aucun écolier ne se présenterait pour jouir des prestations ; elle survivrait au contraire, soutenue par l'idée de bienfaisance sur laquelle elle repose et qui est immortelle : elle survivrait jusqu'au jour où l'autorité souveraine la mettrait à néant, en déclarant vacants les biens qui la composent et en attribuant ceux-ci à l'État.

Si les fondations constituent des personnes morales et sont à ce titre propriétaires des biens qui les constituent, quelle est alors la nature du droit de chacun des parents? Ce ne peut-être, à notre avis, qu'un droit de créance, lequel a pour objet les prestations périodiques déterminées par les fondateurs, droit éventuel d'ailleurs jusqu'au jour où, appelés en ordre utile (car tous n'y peuvent prétendre), ils seront désignés comme boursiers. Dans la pratique les directeurs des fondations de Ruette et de Xonville tiennent un état, par ordre de priorité, des demandes qui leur sont adressées par les représentants des trop nombreux enfants de la parenté des testateurs, et c'est suivant cet ordre que sont dévolues les bourses d'études. Une fois né, le droit de créance des boursiers n'est pas encore définitif; il reste soumis, en effet, à cette condition résolutoire que les titulaires en useront pour « étudier avec diligence et assiduité » (1). D'où la conséquence qu'un boursier ne pourrait renoncer aux bienfaits de l'instruction et faire un emploi quelconque de son droit aux prestations, notamment le céder. D'où encore cette autre conséquence que le droit des boursiers prend fin dès que leurs études sont terminées (2).

(1) Voir le testament du 18 novembre 1713 rapporté plus haut.
(2) Récemment la question s'est posée de savoir à quel moment l'on devait considérer que les études de droit prenaient fin.

Voici maintenant d'autres questions d'un ordre plus pratique, dont la solution est moins aisée :

Les testaments de 1631 et 1713 stipulent que les biens appartenant aux fondations resteront *in globo*, inaliénables entre les mains des directeurs ou administrateurs. Rien n'était plus sage au début ; mais actuellement il serait nécessaire, dans l'intérêt même des fondations et pour assurer leur prospérité, de procéder à des aliénations.

C'est ainsi que certaines terres, dépendant de la fondation de Xonville, sont situées sur le territoire annexé de l'Alsace-Lorraine, séparées ainsi de l'ensemble des biens et menacées par la législation allemande : c'est ainsi au surplus que la valeur et conséquemment les revenus des propriétés en biens fonds diminuent de jour en jour, en sorte qu'il serait profitable aux boursiers que celles-ci fussent vendues, et que le prix en fût placé différemment, en rentes sur l'État par exemple. Quelle serait alors la marche à suivre ?

Réunir une assemblée de famille et lui demander de s'entendre pour procéder aux aliénations ! Mais une véritable assemblée de famille n'est déjà plus possible, la postérité des fondateurs s'est dès maintenant accrue, écrivait en 1865 l'un des parents (1) de ceux-ci, au point

Etait-ce après la licence ou seulement après le doctorat ? Très sagement M. le directeur de la fondation de Xonville a pensé que le doctorat faisait partie intégrante de l'enseignement universitaire, et en conséquence il a continué la subvention à l'élève qui en faisait la demande. A ce propos M. le doyen de la Faculté de droit de Paris, sollicité de fixer la durée *de fait* des études de doctorat, leur a assigné une durée moyenne de deux années.

(1) Mémoire concernant les fondations des bourses d'études de Ruette et de Xonville, par M. François Franquet, avocat.

d'effacer la trace de tout lien de parenté. Et puis, théoriquement, la famille n'est pas propriétaire ; bien plus la loi de 1790 lui prescrit de jouir des biens de fondations « conformément aux dispositions écrites par les testateurs, » c'est-à-dire sans les aliéner. En sorte que son consentement, même unanime, ne servirait à rien.

Solliciter une autorisation de l'État, de qui les fondations tiennent l'existence et qui dès lors est le maître de leurs destinées ! Mais à quelle autorité s'adresser ? Quel fonctionnaire assez puissant pourrait donner une autorisation qui irait à l'encontre de la loi toujours en vigueur de 1790 ? Il serait répondu sans doute, comme le faisait en 1866 M. le ministre de l'Instruction publique à l'un des parents, qui sollicitait son intervention, « que les biens servant à l'entretien des bourses et les bourses elles-mêmes ont un caractère purement patrimonial, en présence duquel le département de l'Instruction publique doit se déclarer tout à fait désintéressé (1). »

En vérité nous n'apercevons actuellement aucun moyen de sortir de la difficulté.

Et qu'on le remarque, la difficulté serait la même, si, au lieu de défaire, en apparence du moins, par des aliénations, l'œuvre des fondateurs, des parents tentaient de l'augmenter par des libéralités entre vifs ou testamentaires.

Ou encore si, dans d'autres familles, de prévoyants testateurs voulaient créer des établissements analogues

______

(1) Dans cette lettre M. le ministre rappelle l'existence d'une autre fondation assez semblable aux fondations de Ruette et de Xonville : la fondation Chapuisienne au collège de Louvain (Belgique), dont les titulaires français ont été autorisés à faire leurs études en France.

aux fondations de Ruette et de Xonville. Certes il faudrait dans ces deux cas une autorisation expresse. Le silence de la loi suffit, avons-nous dit, pour valider les fondations existantes, mais il ne va pas jusqu'à permettre dans l'avenir la création de fondations nouvelles. Ici l'on se retrouve en face des principes généraux de notre droit, à savoir qu'il n'appartient pas à l'individu de disposer de ses biens d'une manière permanente et perpétuelle et de les soustraire ainsi à la propriété individuelle et au commerce, qu'il lui faut pour cela le consentement de l'autorité sociale.

Or à qui demander semblable autorisation?

La règle de droit public écrite dans l'article 910 du Code civil indique bien que l'ordonnance royale (maintenant un décret du chef du pouvoir exécutif) pourra autoriser les libéralités faites à certains établissements, à certains être immatériels, tels que communes, hospices, etc. Mais les établissements qu'il énumère, ou auxquels il fait allusion, sont tous des établissements publics, alors que jusqu'à présent le caractère d'utilité publique n'a point été reconnu aux fondations de bourses. A celles-ci l'article 910 n'est donc pas applicable!

De tout ce qui précède la conclusion est qu'une loi sur les fondations de bourses dans les familles est absolument nécessaire. Nécessaire pour éviter le retour des abus qui se sont produits autrefois dans l'administration des biens, pour soustraire les familles aux exigences formulées par les testateurs, exigences qui, bien que devenues inopportunes, les enchaînent toujours par application de la loi de 1790, nécessaire en un mot pour sauver les fondations existantes d'une ruine certaine. Nécessaire aussi pour permettre l'augmentation de leurs ressources. Et enfin nécessaire surtout pour encourager l'établissement de fondations nouvelles.

Cette loi, pensons-nous, devrait s'inspirer de cette idée, dont elle ferait son point de départ, que les fondations en faveur de l'enseignement, encore qu'elles soient des fondations privées, appartiennent néanmoins à l'utilité publique. La famille qui les détient forme en effet, par son existence continue et perpétuelle, une sorte de corps aux interêts duquel il est du devoir de la puissance sociale de veiller. En outre les bourses d'études ont pour but de réaliser, dans la mesure du possible, l'égalité de tous quant aux moyens de s'instruire et de procurer au pays un plus grand nombre d'hommes intelligents et éclairés: cela suffit pour démontrer qu'elles touchent à l'intérèt même de la société.

Partant de ce principe que les bourses d'études constituent un service public, la loi organiserait alors ce service administrativement comme tous autres services analogues, en le rattachant directement ou indirectement au ministère de l'Instruction publique.

C'est du reste, à peu de chose près, ce qu'a fait en Belgique une loi du 24 décembre 1864, et nous ne faisons que rappeler modestement l'exemple qui nous a été donné chez nos voisins. A grands traits voici les principales dispositions votées par les Chambres belges.

Comme les fondations en faveur de l'enseignement public (1), les fondations en favéur de boursiers sont

(1) La loi de 1864 traite à la fois des fondations en faveur de l'enseignement public et des fondations en faveur de boursiers. Les premières, suivant le but que s'est proposé le fondateur, sont réputées faites tantôt à l'État, tantôt à la province, tantôt à la commune, tantôt aux séminaires, et font dès lors partie du patrimoine de ces

tout d'abord érigés en institutions publiques et comme telles sont placées sous la haute tutelle de l'administration.

Précédemment ces fondations étaient, comme en France, régies conformément à leur titre fondamental par un nombre considérable de petites administrations privées ; la loi leur substitue, dans un but d'utilité, un système d'administration uniforme. Enlevant aux familles leur trop anciennes prérogatives, elle institue dans chaque province des commissions responsables, nommées par la députation permanente du conseil provincial (1). Ces commissions choisissent dans leur sein un receveur (2), qui sous leur surveillance représente les fondations de la province (3), poursuit ou défend en justice et fait tous actes nécessaires de pure administration. Les aliénations, échanges, partages, transactions, en un mot les actes de disposition, de même aussi que les acquisitions et notamment les acceptations de nouveaux dons doivent

êtres collectifs, lesquels les administrent par leurs représentants ordinaires. Les autres, les fondations en faveur de boursiers, paraissent avoir été rattachées au patrimoine de la province, mais ont reçu une réglementation spéciale.

(1) Cette députation permanente du conseil provincial correspond à la commission départementale de nos départements français : commission départementale dont la création a du reste été empruntée à la législation belge par la loi du 10 août 1871.

(2) Le receveur, véritable tuteur et à ce titre responsable devant la commission et devant les intéressés, fournit un cautionnement, et ses biens sont frappés d'une hypothèque légale. Pour compenser les charges qui pèsent sur lui, un traitement lui est alloué, qui ne peut excéder 5 $^o/_o$ des recettes ordinaires.

(3) C'est par application de cette loi de 1864 que certains biens dépendant de la fondation de Ruette, lesquels se trouvaient par suite de la séparation d'avec la France de nos anciennes provinces

être autorisés, tantôt par la députation permanente, tantôt par le roi.

Le choix des boursiers appartient aux collateurs désignés par le fondateur. A leur défaut, il est exercé par la commission, laquelle doit se conformer aux conditions prescrites dans les actes constitutifs des fondations.

Enfin les parties intéressées pourront toujours se pourvoir devant la députation permanente contre les décisions des commissions provinciales ou des collateurs qui leur portent préjudice. La députation permanente ayant statué, les parties peuvent encore se pourvoir auprès du roi (1).

C'est ainsi que la loi belge a institué d'une façon permanente et définitive la tutelle dont la nécessité se fait sentir pour les fondations françaises depuis plus d'un siècle. Eh bien, il est temps, nous le répétons, que la France empruntant à son tour à des voisins qui lui doivent

de l'est, incorporés au royaume de Belgique, ont été revendiqués par la commission de la province d'Arlon. En vain, la famille voulut-elle se pourvoir devant la justice belge. Un jugement du tribunal d'Arlon, en date du 7 août 1877, l'obligea à se dessaisir de son administration. En vain, comme le proposait M. Albert Liouville, avocat à la Cour d'appel de Paris, dans une très intéressante consultation, tenta-t-elle de protester par la voie diplomatique. Ce fut encore la commission provinciale qui l'emporta. Il n'y a pas lieu de s'en étonner du reste, si l'on considère que la loi de 1864 était à la fois une règle de statut réel et une règle d'ordre public, et par cela même applicable à tous les immeubles situés sur le territoire du royaume encore que leurs propriétaires fussent étrangers.

(1) Cette loi de 1864 est complétée pas deux arrêtés royaux du 7 mars 1865 et du 19 juillet 1867 : lesquels organisent avec le plus grand soin le fonctionnement des commissions provinciales et règlent **leurs attributions.**

presque toutes leurs institutions, ait aussi sa loi sur les fondations de bourses dans les familles. Certes, la création de commissions départementales n'aurait de raison d'être actuellement que dans les rares départements où des fondations existent. Mais, encore une fois, n'est-il pas à prévoir que dans l'avenir des fondations nouvelles seraient créées et justifieraient ainsi rétroactivement les dispositions prises par la prévoyance de nos législateurs ?

— Tours, imprimerie Rouillé-Ladevèze, rue Chaude, 6.

LIBRAIRIE L. LAROSE & FORCEL

22, RUE SOUFFLOT, 22

OUVRAGES DE DROIT
SCIENCES, ARTS, LITTÉRATURE, ETC.

NEUFS ET D'OCCASION